ANALISI DEL LIBRO

AF131748

Se solo
fosse vero
· · · · · · · · · · · · · ·

MARC LEVY

ANALISI DEL LIBRO

Scritto da Elena Pinaud
Tradotto da Sara Rossi

Se solo
fosse vero

· ·

Marc Levy

MARC LEVY

AUTORE FRANCESE

- **Nato a Boulogne-Billancourt (Francia) nel 1961**
- **Opere degne di nota:**
  - *Il ladro di ombre* (2010), romanzo
  - *Lo strano viaggio del signor Daldry* (2011), romanzo
  - *Più forte della paura* (2013), romanzo

All'età di 18 anni, Marc Levy si è unito alla Croce Rossa come operatore di primo soccorso, mentre studiava gestione e informatica a Parigi. In seguito, ha creato una propria società di importazione in Francia, prima di trasferirsi negli Stati Uniti e fondare due società di CGI. Sei anni dopo si è licenziato e ha aperto uno studio di architettura a Parigi, che è diventato uno dei più importanti in Francia.

Dopo il successo fulminante del suo primo romanzo *Se solo fosse vero* (2000), che ha trascorso 70 settimane nella classifica dei bestseller, Levy ha iniziato a scrivere a tempo pieno. Da allora ha scritto diversi altri romanzi, tutti diventati bestseller in Francia e che hanno raggiunto la popolarità internazionale.

SE SOLO FOSSE VERO

UNA MEDITAZIONE SULLA VITA

- **Genere:** romanzo
- **Edizione di riferimento:** Levy, M. (2005) *Se solo fosse vero*. Trans. Leggatt, J. New York: Atria Books.
- **1ª edizione:** 2000
- **Temi:** amore, morte, fantasma, eutanasia, anima, memoria

Se solo fosse vero è un'originale e toccante storia d'amore tra un giovane architetto e l'anima di una giovane donna in coma. Questa insolita avventura soprannaturale è anche una riflessione sull'amore, la vita, la morte e la riluttanza del mondo moderno ad abbracciare la spiritualità, che a sua volta incoraggia il lettore a riflettere più profondamente sul significato dell'esistenza.

I punti di forza del romanzo sono la natura trascendentale della storia (che si svolge cioè al di fuori dell'ambito concreto), la descrizione realistica del mondo medico e della società americana e l'intreccio di passaggi narrativi, dialoghi credibili e lettere. Nel 2005, il regista, produttore e sceneggiatore americano Mark Waters (nato nel 1964) ha adattato il romanzo per il cinema con il titolo *Just Like Heaven*.

SINTESI

Lauren Kline, giovane specializzanda in medicina in un ospedale americano, rimane gravemente ferita in un incidente stradale nell'estate del 1996. Sebbene venga dichiarata morta dai due paramedici che arrivano sul posto, in seguito riprende a respirare, stupendo gli agenti di polizia incaricati di trasportare il suo corpo.

Viene portata in ospedale, dove il suo capo Fernstein dice che è in coma e che è rimasta cerebralmente morta. Tuttavia, egli accetta di operarla quando alcuni degli altri medici insistono e uno di loro gli dice che "dietro gli occhi aperti di Lauren aveva percepito che si dibatteva, rifiutando di andare sotto" (p. 20). In realtà, l'anima di Lauren è stata in qualche modo separata dal suo corpo e sta osservando la scena, ma non è in grado di fare nulla o di comunicare con nessuno.

Arthur, un giovane architetto trasferitosi da poco a San Francisco, scopre una donna (sorpreso di poterla vedere) in un armadio del suo appartamento. È il fantasma di Lauren Kline, che viveva nell'appartamento prima di lui. Gli dice di essere stata in coma negli ultimi sei mesi, ma di essere ancora in grado di sentire tutto ciò che la circonda e, se si impegna, di muoversi dove vuole.

"Tutto era a portata di mano ma impossibile da afferrare" (p. 71): la sua famiglia non può vederla e lei ne sente la mancanza. Stanca, è tornata nel suo appartamento, che è ancora di sua proprietà, anche se la madre dovrebbe sistemare tutti i dettagli amministrativi. Arthur non reagisce bene alla sua apparizione e le dice di andare a casa, ma lei gli risponde che è il suo "inquilino post mortem" (p. 33).

Arthur è confuso e pensa che Lauren sia pazza, così decide di portarla in ospedale. Quando vede il corpo senza vita della giovane donna, pensa che la donna con cui si trova debba essere la sorella gemella di Lauren. Tuttavia, il comportamento di un'infermiera chiarisce che nessun altro può vedere Lauren, così inizia a crederle e vuole aiutarla a superare la paura della morte. Il suo obiettivo è quello di riunire la sua anima con il suo corpo e inizia a fare ricerche sul coma. Lauren non capisce perché si stia dando tanto da fare per lei e le risposte che le dà sono vaghe: le dice semplicemente "non mi dai scelta" (p. 73). Le racconta anche della morte di sua madre Lilian quando era bambino e del profondo impatto che ha avuto su di lui.

La segretaria di Arthur e il suo socio in affari Paul pensano che debba essere depresso perché sembra smarrito e sembra aver iniziato a parlare con qualcuno che non riescono a vedere.

Arthur e Lauren, uniti dal desiderio di trovare una soluzione alla situazione, si avvicinano e alla fine lei gli dice che i medici hanno convinto la madre che l'eutanasia è la soluzione migliore per lei. Arthur non vuole perderla, così si finge un amico di Lauren e cerca di convincere la madre a cambiare idea. La donna gli racconta quanto ama la figlia e quanto la addolora il fatto che non sarà mai più attiva, motivo per cui vuole che la sua vita giunga al termine.

Dopo aver fallito nel tentativo di far cambiare idea alla madre di Lauren, Arthur elabora un piano per rubare il suo corpo dall'ospedale e prendersene cura da solo. Riesce a procurarsi due camici e chiede all'amico Paul di rubare un'ambulanza, raccontandogli tutto di Lauren: "È bellissima, Paul, è divertente e spiritosa e parliamo di tutto. Certo, a volte non siamo d'accordo e bisticciamo, ma tra noi è cresciuta una tenerezza incredibile. Mi sento a casa con lei" (p. 119). Paul risponde: "Credo che tu le abbia appena detto che sei innamorato" (p. 120), poiché ipotizza che il suo fantasma sia lì con loro.

Quando arrivano all'ospedale, Arthur dichiara di essere un medico che si trova lì per trasportare il corpo di Lauren e l'infermiera gli crede. Quando lei gli chiede di aiutarla a salvare un paziente che sta avendo un attacco di cuore, lui non osa dirle la verità perché questo metterebbe a rischio il suo piano. Con l'aiuto di Lauren, che non ha dimenticato nulla della sua formazione medica, riesce a salvare la vita del paziente.

Con l'aiuto di Paul, Arthur porta il corpo di Lauren nel suo appartamento e poi nella casa sulla spiaggia ereditata dalla madre. Ripensa all'ultima volta che è stato con sua madre, quando era ancora un bambino, e agli anni di solitudine a scuola e all'università. Dopo aver letto una lettera di lei, in cui lo mette in guardia dal passare la vita ascoltando la testa e non il cuore, come aveva fatto lei ("Avevo paura di disturbare l'ordine stabilito delle cose e di ricominciare tutto da capo – paura che non avrebbe funzionato, che era solo un sogno. Ma non ammettere il mio amore per Anthony era un incubo", p. 161), trova finalmente il coraggio di dire a Lauren quello che prova.

Nel frattempo, l'ispettore Pilger, incaricato di rintracciare il corpo di Lauren, prosegue le sue indagini. Ha due piste: la prima è legata a un'ambulanza che ha girato più volte intorno all'isolato di Arthur e la seconda riguarda un architetto citato dalla madre di Lauren e contrario all'eutanasia. Deduce quindi che dietro il rapimento ci deve essere Arthur.

Si reca a Carmel, sulla costa della California, dove il giovane, che rischia fino a cinque anni di carcere, nega tutto. Tuttavia, proprio mentre Pilger sta per andarsene, il fantasma di Lauren apre la porta dell'ufficio in cui si trova il suo corpo e vede che è ancora viva. Ad Arthur non resta altra scelta che confessare.

Pilger è toccato dalla sua storia e riporta il corpo in ospedale, senza dire a nessuno chi l'ha preso: "Non mi interessa perché l'hai fatto. Il coraggio consiste nel fare ciò che si pensa sia meglio quando è il momento di agire, senza considerare le conseguenze" (p. 216). Arthur e Lauren tornano nel loro appartamento di San Francisco in attesa dell'eutanasia, che ora può essere eseguita.

Nel frattempo, i due, che sono diventati "amanti, amici, compagni per la vita" (p. 218), continuano a sfruttare al meglio ogni secondo. Tre mesi dopo, Lauren sveglia Arthur per dirgli addio, perché l'eutanasia è avvenuta. Alla notizia, Arthur sviene e, dopo essersi ripreso, rimane chiuso nel suo appartamento per giorni e giorni. Tuttavia, una telefonata di Pilger lo fa uscire dal suo isolamento. Si scopre che Lauren è uscita dal coma dieci giorni fa, ma non può parlare né muovere gli arti. Arthur va quindi a sedersi ogni giorno accanto al suo letto. Quando finalmente riesce a parlare, gli chiede chi sia.

Sollevato e profondamente innamorato, Arthur vuole raccontarle la loro storia perché è "l'unica persona al mondo che può condividere il mio segreto" (p. 229).

STUDIO DEL CARATTERE

ARTHUR

Arthur è un giovane architetto rimasto orfano all'età di dieci anni. Ha avuto un'infanzia e un'adolescenza solitarie, ma ha trovato conforto nei ricordi della madre. Ha studiato negli Stati Uniti e in Europa prima di aprire uno studio di architettura con l'amico Paul. Ha una carriera di successo ed è appassionato del suo lavoro. Poiché il padre non c'era quando è cresciuto, è stata la madre a prepararlo ad affrontare le sfide della vita e a cercare di infondere in lui valori positivi:

> "Utilizzando pezzi e bocconi degli insegnamenti di Lili, mise insieme atteggiamenti, gesti, una mente implacabilmente logica". Arthur era stato un bambino equilibrato e lo rimase anche da adolescente, aggiungendovi una capacità di osservazione insolitamente acuta." (p. 144)

È forse l'attaccamento alla madre defunta, che era piuttosto spirituale, che permette ad Arthur di vedere l'anima di Lauren e di comunicare con lei. Cerca di riunire il corpo e l'anima della giovane donna, nonostante l'apparente irrazionalità e assurdità del compito, perché vuole fare qualcosa di utile nella sua vita. Questo desiderio diventa chiaro quando racconta a Lauren di un medico che ha restituito la vista a una ragazza che era stata cieca per tutta la vita e della felicità che il medico ha provato quando la ragazza ha visto sua madre per la prima volta. Arthur condivide la stessa fonte di empatia: vede un valore nell'aiutare le persone, a prescindere da chi siano.

Anche il fatto di non aver potuto assistere sua madre quando stava morendo di cancro contribuisce al suo desiderio di aiutare: "'Avrei dovuto essere un medico. [Perché non lo sei diventato? Perché mia madre è morta troppo presto" (p. 80). È una persona molto spirituale e non si sottrae alle esperienze insolite, come si può vedere nel suo amore per un'anima disincarnata e nella sua determinazione a salvarla. L'incontro con Lauren dà un senso alla sua vita.

LAUREN

Lauren Kline ha circa 30 anni, è una brillante specializzanda del San Francisco Memorial Hospital e ama il suo lavoro. Dopo un incidente d'auto, cade in coma. Mentre il suo corpo rimane in ospedale, la sua anima torna nel suo appartamento, che Arthur sta affittando. È sorpresa di scoprire che lui può vederla.

All'inizio, i rapporti tra le due nuove "coinquiline" sono piuttosto tesi. Lauren è testarda, esuberante e sarcastica e non ha paura di farsi valere: "Stai zitta e chiudi gli occhi. Così non dovremo passare la notte qui" (p. 32). Quando si rende conto che l'improbabile situazione di Lauren è davvero reale, Arthur decide di aiutare la sua anima a ricongiungersi al corpo e di salvarla dall'eutanasia. I due passano quindi da coinquilini ad alleati e ad amanti.

Questo sviluppo sembra inevitabile fin dal loro primo incontro, quando Arthur la descrive dicendo: "Hai la bocca piena, la pelle chiara, un viso piacevole la cui dolcezza è in totale contrasto con il tuo comportamento. I tuoi capelli sono un po' in disordine e avrebbero bisogno di una bella pettinata, ma sono di un bel colore" (p. 34). Mentre Arthur aiuta Lauren, anche lei lo aiuta, permettendogli di affrontare il suo passato, in particolare la morte della madre quando era bambino.

LILIAN

Lilian è la madre di Arthur. Era una donna benestante e, sebbene sia morta in silenzio a causa di un cancro senza avere la possibilità di dire addio al figlio, prima di morire ha preso accordi per la sua istruzione e il suo futuro finanziario e sociale. Anche dopo la sua morte, continua a comunicare con lui e a offrirgli il suo sostegno attraverso lettere che nasconde o consegna a varie persone (la direttrice della scuola di Arthur, il notaio di famiglia, messaggi nascosti in scatole nella casa di Carmel, ecc.)

Era una donna molto coraggiosa, ma il suo impegno costante nei confronti del marito (che l'ha lasciata) l'ha portata ad allontanare il suo amico Anthony, anche se lui l'amava davvero e avrebbero potuto essere felici insieme. Quando Arthur legge una lettera di sua madre in cui lei glielo confessa, decide di dire a Lauren che la ama. Arthur ha anche ereditato la sua inclinazione per la spiritualità e il suo coraggio nel dilettarsi con il mondo degli spiriti dalla madre, che gli ha insegnato l'amore, la morte e la sopravvivenza:

> "E ascoltami: se cadessi in acqua, non ti butteresti subito a salvarmi, perché sarebbe stupido. Faresti così: allungheresti il braccio per vedere se puoi aiutarmi a risalire a bordo. Se non ci riuscissi e annegassi, sapresti di averci provato. Avresti avuto la pace della mente. Non avresti rischiato di morire per niente, ma avresti fatto tutto il possibile per salvarmi". (p. 139)

PAUL

Paul è il socio in affari e il migliore amico di Arthur. Si sono conosciuti quando Arthur lavorava al Museo d'Arte Moderna e hanno poi fondato insieme uno studio di architettura. È simpatico e molto leale, e all'inizio è preoccupato per la salute mentale dell'amico. Quando Arthur gli racconta di Lauren, non ci pensa due volte a rubare un'ambulanza e a commettere gravi crimini (in particolare rubare il corpo di Lauren) solo per aiutare l'amico, anche se dubita ancora dell'esistenza di un fantasma.

Conosce molto bene Arthur ed è il primo a rendersi conto che si è innamorato di Lauren. Nel corso degli anni, i due uomini sono diventati grandi amici: "Ognuno era a suo agio e sicuro del proprio ruolo, e in cinque anni di collaborazione non c'era mai stata nemmeno l'ombra di un conflitto tra loro. Erano inseparabili" (p. 134).

ISPETTORE PILGER

George Pilger è un investigatore della divisione di giustizia penale e, dopo 30 anni di professione, si sta avvicinando alla pensione. Si presenta come burbero, amante del piacere e testardo, e il suo senso dell'umorismo può metterlo nei guai. Quando va ad interrogare Arthur sulla scomparsa del corpo di Lauren, si ritrova a dipendere da ogni parola del giovane quando parla della sua carriera di architetto. Tra i due sboccia una sorta di intesa, tanto che Arthur confida a Pilger il segreto di Lauren.

In seguito alla loro conversazione, quest'uomo, che Arthur non aveva mai incontrato prima, trova il suo comportamento onorevole e decide di coprirlo facendo in modo che il caso venga archiviato. È anche la persona che dice ad Arthur che Lauren si è risvegliata dal coma. Attraverso i personaggi di Paul e dell'ispettore Pilger, Levy fornisce una rappresentazione idealizzata dell'amicizia.

ANALISI

UNA FAVOLA MODERNA

Le fiabe hanno avuto origine dalla tradizione popolare e sono state inizialmente tramandate oralmente. Il genere ottenne maggiore riconoscimento e prestigio quando le storie furono messe per iscritto da autori come Charles Perrault (scrittore francese, 1628-1703) nel XVII secolo, Gabrielle-Suzanne Barbot de Villeneuve (scrittrice francese, 1695-1755) nel XVIII secolo e i Fratelli Grimm (linguisti, filologi e raccoglitori di fiabe tedeschi) nel XIX secolo. Il successo dei loro racconti ha contribuito a stabilire le caratteristiche durature del genere, ossia:

- la divisione dei personaggi in categorie facilmente identificabili di "buoni" e "cattivi";

- la presenza di elementi fantastici, con personaggi straordinari la cui esistenza non è messa in discussione;

- un lieto fine, che segna la fine dello sviluppo dei personaggi principali.

Levy ha definito *Se solo fosse vero* una favola moderna, e diversi elementi supportano questa affermazione.

Il primo personaggio che ci viene presentato è Lauren, invisibile a tutti tranne che ad Arthur, che non conosce. Questa apparizione è un elemento fantastico, uno dei tratti caratteristici del genere del racconto.

Anche Lilian, morta anni prima dell'inizio della storia, può essere considerata un personaggio fantastico, perché anche se è morta sembra avere una presenza tangibile nella mente di Arthur e nella loro vecchia casa. Viene rappresentata come una donna un po' eccentrica (non ci pensa due volte a svegliare il figlio per fargli vedere l'alba), ma profondamente gentile e saggia. Inoltre, contribuisce a far incontrare i due innamorati, come una fata madrina o un angelo custode: "Ti amo, ovunque io sia, e veglio su di te" (p. 148).

Il libro ha anche una dimensione orale, in quanto Lauren è sia una damigella in pericolo che la narratrice della sua storia:

> *"Quello che devo dirvi non è facile da capire. Può sembrare impossibile da accettare. Ma se ascolterete la mia storia, se sarete disposti a fidarvi di me, forse alla fine mi crederete. Ed è molto importante che soprattutto voi mi crediate. Perché, senza saperlo, sei l'unica persona al mondo che può condividere il mio segreto". (p. 35)*

Inoltre, Levy ha scritto il libro per il desiderio di raccontare una storia a suo figlio, non come un bambino, ma come l'adulto che diventerà.

L'approccio di Levy è innovativo in quanto conferisce a Lauren un ruolo più sviluppato rispetto alla damigella in pericolo dei racconti tradizionali, in quanto svolge un ruolo significativo nella storia e guida l'azione: in un certo senso, è lei a salvare Arthur e ad aiutarlo ad affrontare il suo passato.

AMORE E FELICITÀ

Se solo fosse vero descrive diversi tipi di amore, tutti ugualmente importanti per la nostra felicità:

- **Amore tra genitori e figli.** Lilian riesce a continuare a svolgere un ruolo nella vita del figlio e a insegnargli a superare il dolore della sua morte. Questo significa che possono essere felici insieme anche dopo la sua morte. La madre di Lauren, pur amando la figlia, si lascia convincere dai medici che l'eutanasia è l'opzione migliore perché pensa che la sua vita sia finita con la morte cerebrale:

> *"Il letto che Lauren occupava poteva essere assegnato a un altro paziente, uno con speranza di sopravvivenza. Un tipo di colpa è stato sostituito da un altro. Dopo diverse ore, la signora Kline crollò". (p. 92)*

È un atto di coraggio, perché significa che sua figlia morirà davvero e lei non la rivedrà mai più. È anche un atto d'amore, perché solo il vero amore può darci la forza di lasciare andare le persone che amiamo.

- **L'amore tra un uomo e una donna.** Arthur e Lauren hanno entrambi avuto relazioni in passato, ma nessuna di queste è stata una storia d'amore indimenticabile. Il loro incontro e la loro relazione dimostrano che l'amore può trascendere la morte, la rinascita e i limiti dell'immaginazione.

L'amore può essere un modo per scoprire i segreti della vita e della morte, e una prova che ci permette di apprezzare pienamente l'importanza di ogni momento. Nonostante Lauren sia un'anima errante e Arthur un uomo in carne e ossa, i due riescono a consumare il loro amore ("lo spirito di Lauren fu catturato nel suo corpo, entrando in lui per il tempo di un abbraccio, fugace e magico come un'eclissi" (p. 164) e a sperimentare la vera felicità. Poiché la morte può colpire senza preavviso, i due protagonisti si rendono conto dell'importanza di vivere ogni momento come se fosse l'ultimo: "La vita è magica, Arthur, e so quello che dico, perché dal mio incidente ho apprezzato il valore di ogni istante. Quindi ti prego, sfruttiamo al massimo tutti i secondi che ci restano" (p. 209).

- **Amicizia.** Arthur e Paul sono veri amici e la loro infanzia simile ha creato un legame indissolubile tra loro. Entrambi sono stati allevati dalla madre e sono cresciuti in campagna prima di essere mandati in collegio. Condividono anche la passione per l'architettura, come Levy, che ha lavorato in questo campo. Paul aiuta Arthur, anche se non è del tutto convinto della storia del fantasma. È più o meno l'unico contatto sociale di Arthur ed è lui che lo costringe ad uscire dal suo isolamento, incoraggiandolo ad agire. Il rapporto tra i due uomini dimostra che l'amicizia è una delle chiavi della felicità.

INVISIBILITÀ URBANA

Levy usa il personaggio di Lauren per illustrare l'invisibilità e la solitudine che derivano dal vivere in una grande città. Lauren è sola perché consumata dal suo lavoro, mentre Arthur sembra non avere amici, a parte Paul, nella prima parte del libro. La madre di Arthur lo aveva messo in guardia dalla solitudine quando era ancora un bambino: "La solitudine è un giardino dove i fiori non hanno profumo e lo spirito appassisce" (p. 142).

I due personaggi iniziano a sentirsi meno abbandonati solo nella seconda parte del romanzo, quando lasciano la città per il luogo più isolato di Carmel. Inoltre, è con l'aiuto di un fantasma che Arthur riesce ad affrontare gli spettri del suo passato.

In questo ambiente appartato, i due personaggi solitari diventano amanti e, in una sorprendente svolta degli eventi, Arthur sviluppa un'amicizia con l'ispettore Pilger. Questo tema di grande attualità inserisce il romanzo nella realtà sociale contemporanea, dove un numero crescente di persone si sente solo e invisibile anche quando è circondato da migliaia di persone e dal trambusto della vita urbana. Alla fine, Arthur e Lauren trovano ciascuno profondità e significato nella propria vita attraverso l'amore.

Uno sguardo più attento rivela che questa solitudine è generalmente legata alla mancanza di comunicazione, che è una delle paure di Lauren: "Ho tanto bisogno di parlare. Ho visto così tanto, pensato così tanto, sono stata sola per così tanto tempo. Ho accumulato così tante cose da dire" (pp. 37-38). Sebbene Arthur eviti deliberatamente le domande personali di Lauren durante la prima parte del romanzo, accusandola di voler entrare nella sua testa, nella seconda parte parla più liberamente e a lungo. C'è un cambiamento significativo nel rapporto dei personaggi con il linguaggio una volta andati nella casa di Carmel, lontano dalla vita urbana che rende impossibile una comunicazione autentica.

UNA RICERCA SPIRITUALE

Il romanzo di Levy si differenzia dalle tradizionali storie romantiche per la rappresentazione di due personaggi che si completano perfettamente e che possono addirittura essere visti come inseparabili l'uno dall'altro. Da un lato c'è Arthur, che rappresenta il corpo, la fisicità e la libertà di movimento che ne consegue, e Lauren, che è un'anima trasparente ed errante e non può gestire oggetti concreti.

Tuttavia, pur non potendo interagire fisicamente con l'ambiente, il suo girovagare le permette di capire meglio cosa conta davvero nella vita e cosa no:

> "'Posso andare a sedermi in un angolo dello Studio Ovale e ascoltare i segreti di Stato. [...]'
>
> Tutto, o quasi, era possibile per lei. [...] Arthur, con l'orecchio incollato al cellulare, era curioso di sapere se lei avesse provato almeno una di quelle esperienze.
>
> No, [...] ieri è stata la prima volta che ho dormito da quando è successo. E alla fine, che senso ha fare shopping quando non si può toccare nulla?" (p. 81).

Solo quando Arthur e Lauren diventano amanti, le loro menti e i loro corpi si uniscono in perfetta armonia e la simbiosi tra i due personaggi si rivela "per il tempo di un abbraccio" (p. 164). Questa dimensione spirituale porta Lauren, intrappolata nello spazio tra la vita e la morte, a riflettere sul suo rapporto con Dio:

> "'Credi in Dio?
>
> 'Non proprio, ma nelle mie condizioni si tende a rivalutare queste cose. Nemmeno io credevo ai fantasmi'". (p. 72)

L'altro personaggio femminile che dà ad Arthur e all'intero libro un legame con il mondo spirituale è la madre Lilian, morta quando lui era bambino. Lei lo rende consapevole del mondo che lo circonda e lo incoraggia ad entrare in contatto con esso in un ambiente sicuro e solidale: "Il mare sostiene il nostro sguardo, così come la terra sostiene i nostri piedi" (p. 135).

Queste due donne amano Arthur a modo loro e hanno alcune caratteristiche in comune:

- Un corpo che ha smesso di funzionare (nel caso di Lilian, il suo corpo è devastato dal cancro).

- Una propensione alla contemplazione: "Lauren amava quel tratto di Pacific Coast Highway tra San Francisco e Monterey, amava vedere il sole che si arrampicava sulle alte colline costiere e scintillava sul freddo Pacifico sottostante" (p. 5). Questo ricorda ad Arthur sua madre: "Vieni, tesoro, o il sole arriverà prima" (p. 136).

In questo modo, possiamo vedere che Lauren e Lilian hanno un'anima, mentre Arthur è solo un corpo alla deriva senza meta nella vita, in attesa di qualcuno o qualcosa che lo spinga all'azione. Paradossalmente, questo impulso viene da una donna morta e da un'altra in coma.

È interessante notare che, per certi versi, Lauren e Lilian sono l'una il doppio dell'altra. Hanno la stessa iniziale ed entrambe aiutano l'uomo che amano. Lauren lo incoraggia ad affrontare il suo passato e l'immagine che ha di sua madre: "Non puoi ignorare quello che c'è nella valigia: infrangeresti le sue regole. Te l'ha lasciata perché tu potessi imparare tutto di lei, cose che la morte non vi ha permesso di condividere" (p. 160), mentre Lilian viene dal passato per aiutarlo ad affrontare il futuro: "La tua vita è davanti a te. Solo tu ne sei padrone" (p. 148).

VITA E MORTE

Il passaggio tra la vita e la morte è rapido ed imprevedibile. Lauren conduce una vita intensa ed è consumata dal suo lavoro. Vive la vita appieno e l'idea di morire non le passa mai per la testa, poiché è ignara della propria mortalità e si sente al di sopra di questo tipo di considerazioni. Uno dei medici che cerca di salvarla dice addirittura che "per la prima volta nella sua carriera medica aveva sentito che quella donna non voleva morire" (p. 20). La donna passa quindi dalla vita alla morte e viene rianimata dall'amore di Arthur, dando vita ad una sorta di rinascita.

Anche se Arthur è vivo, è più strettamente identificato con la morte. Nonostante la sua carriera di successo, non è felice. È sopraffatto dai suoi ricordi e si ritira nel passato, il che gli impedisce di vivere il momento, finché non incontra Lauren e capisce che deve prendere il controllo della sua vita e viverla appieno. I suoi sforzi per salvare Lauren e la relazione con lei danno un senso e uno scopo alla sua vita. Arriva a capire che: "Nulla è impossibile. I limiti della mente ci dicono solo che certe cose sono al di là della nostra comprensione" (p. 186).

Il suo percorso è quindi simile a quello di Lauren: gode di un'infanzia felice con la madre, sperimenta una prima "morte" da adolescente, è costretto a diventare più maturo quando la madre muore, e torna a vivere quando incontra e si innamora di Lauren. La differenza tra le storie dei due protagonisti è che la morte di Lauren è reale (anche se colpisce il suo cervello e non il suo corpo), mentre quella di Arthur è simbolica in quanto cessa di interessarsi al mondo dei vivi: è diventato un guscio di persona, senza la voglia di vivere che anima Lauren.

In un certo senso, i personaggi sono l'uno l'immagine speculare dell'altro: senza l'aiuto di Arthur, Lauren probabilmente non si sarebbe risvegliata dal coma, ma senza l'inaspettato risveglio di Lauren, Arthur sarebbe probabilmente rimasto in uno stato vegetativo:

"Ora devi tornare alla realtà. Stai rovinando la tua vita. Non lavori, sembri un senzatetto in una notte brava, sei magro come un chiodo – sembri un rifugiato. Sono settimane che non ti vediamo in ufficio. La gente si chiede di te". (pp. 223-224)

Sebbene il romanzo presenti alcuni elementi tragici, il suo tono è leggero e tenero, e riporta ripetutamente lo stesso messaggio: sfruttare al massimo la vita. I personaggi profondamente umani e la storia toccante hanno fatto sì che il romanzo e il suo messaggio risuonassero con molti lettori; il libro è diventato un bestseller ed è stato adattato in un film diretto da Mark Waters nel 2005.

ULTERIORI RIFLESSIONI

ALCUNE DOMANDE SU CUI RIFLETTERE...

- L'amore tra i genitori e i figli è illustrato sia da Lilian e Arthur che da Lauren e sua madre nel romanzo. Commentate queste due relazioni.

- Cosa spinge Arthur ad aiutare l'anima di Lauren a ricongiungersi al suo corpo?

- Secondo lei, perché Paul accetta di aiutare Arthur a rubare il corpo di Lauren? Allo stesso modo, perché l'ispettore Pilger decide di mantenere segreta l'identità del ladro?

- Il padre di Lauren dice: "I limiti della mente ci dicono solo che certe cose sono al di là della nostra comprensione" (p. 186). Discutete questa affermazione in riferimento alla sopravvivenza dell'anima dopo la morte e al titolo del romanzo.

- Come spiegherebbe il fatto che Fernstein inizialmente è riluttante a operare Lauren, ma poi cambia idea?

- Quali valori umani sottolinea Levy in questo romanzo?

- Immaginate come Arthur racconterebbe la storia a Lauren alla fine del romanzo, quando lei si è svegliata senza alcun ricordo di lui.

- L'eutanasia e il suicidio assistito sono legali in alcuni Paesi, come il Belgio e l'Olanda, ma illegali in altri, come la Francia e il Regno Unito. Utilizzando le argomentazioni addotte dalla madre di Lauren e da Arthur, esponete il vostro punto di vista a favore o contro l'eutanasia.

- L'amore è un tema onnipresente nella letteratura e nel cinema. Può fare qualche altro esempio di storie d'amore che trascendono la vita e la morte in romanzi, racconti o film?

- Secondo lei, cosa rende *Se solo fosse vero* diverso dalle altre fiabe, in particolare per quanto riguarda il trattamento dei personaggi?

ULTERIORI LETTURE

EDIZIONE DI RIFERIMENTO

Levy, M. (2005) *Se solo fosse vero*. Trans. Leggatt, J. New York: Atria Books.

ADATTAMENTO

Proprio come il cielo. (2005) [Film]. Mark Waters. Dir. USA: DreamWorks.

Vogliamo sapere da voi!
Lasciate un commento sulla vostra biblioteca online
e condividete i vostri libri preferiti sui social media!

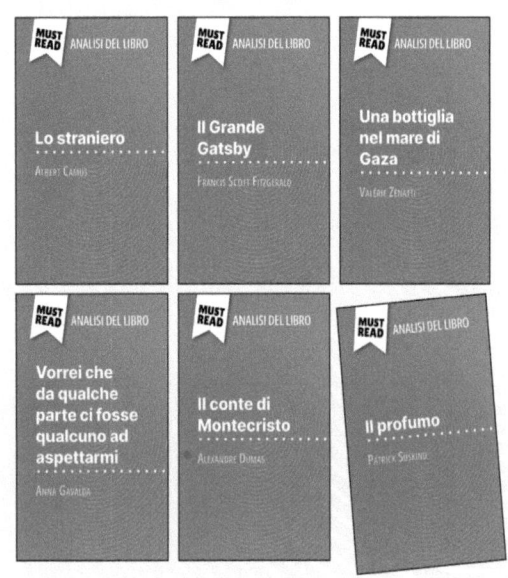

www.50minutes.com

Master ISBN: 9782808689779
ISBN cartaceo: 9782808611176
Deposito legale: D/2023/12603/1397

Copertura: © Primento

Concezione digitale a cura di Primento, il partner digitale degli editori.